RÉPUBLIQUE FRANÇAISE

—

...ISTÈRE DU TRAVAIL ET DE LA PRÉVOYANCE SOCIALE

RETRAITES DES OUVRIERS MINEURS

—

AMÉLIORATION — MAJORATION

—

Circulaire du 26 février 1908

BERGER-LEVRAULT ET Cⁱᵉ, ÉDITEURS

PARIS	NANCY
5, RUE DES BEAUX-ARTS, 5	18, RUE DES GLACIS, 18

1908

MINISTÈRE DU TRAVAIL ET DE LA PRÉVOYANCE SOCIALE

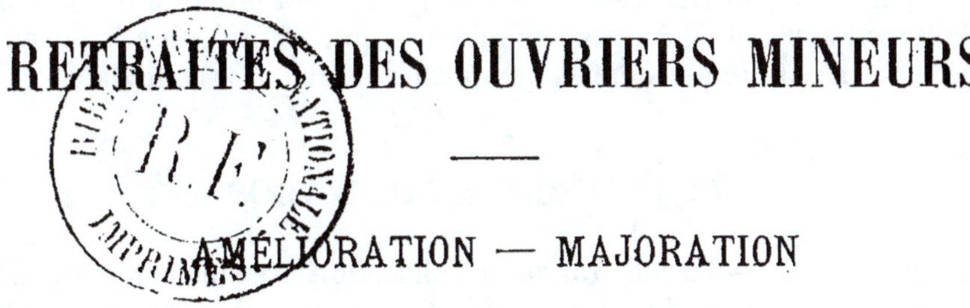

RETRAITES DES OUVRIERS MINEURS

AMÉLIORATION — MAJORATION

Paris, le 26 février 1908.

LE MINISTRE DU TRAVAIL ET DE LA PRÉVOYANCE SOCIALE
A M. LE PRÉFET DU DÉPARTEMENT D

Les dispositions relatives à l'amélioration des retraites des ouvriers mineurs, qui forment les articles 84 à 98 de la loi de finances du 31 mars 1903, ont été successivement complétées par les articles 64 de la loi de finances du 22 avril 1905 et 66 de la loi de finances du 17 avril 1906. Le Conseil d'État a, d'autre part, à l'occasion de pourvois dont il a été saisi, fixé, tant dans les décisions qu'il a rendues à ce sujet que dans les considérants dont il les a accompagnées, la jurisprudence et les règles à suivre pour certaines questions d'application des dispositions dont il s'agit qui avaient donné lieu à des difficultés.

Des modifications viennent, enfin, d'être apportées à ces dispositions par les articles 48 à 50 de la loi de finances du 31 décembre 1907.

Ces dernières modifications, à raison de leur importance, m'ont paru devoir donner lieu à des instructions spéciales. J'ai pensé, en outre, que cette occasion devait être mise à profit pour la refonte des instructions qui vous ont déjà été adressées pour l'exécution des lois des 31 mars 1903, 22 avril 1905 et 17 avril 1906, et aussi à la suite des décisions contentieuses ci-dessus rappelées.

Tel est l'objet de la présente circulaire.

Les textes modificatifs qui viennent d'être rappelés sont ainsi conçus :

LOI DU 22 AVRIL 1905

« *Article 64*. — Les dispositions de l'article 84 de la loi du 31 mars 1903 sont applicables à ceux des mineurs qui, ayant droit à l'allocation en 1903, n'ont été pensionnés que postérieurement à cette date. »

LOI DU 17 AVRIL 1906

« *Article 66*. — La majoration et l'allocation prévues par l'article 84 de la loi de finances du 31 mars 1903 sont reversibles par moitié sur la tête du conjoint survivant et non remarié.

« Un règlement d'administration publique précisera les conditions d'application de cette reversibilité. »

LOI DU 31 DECEMBRE 1907

« *Article 48*. — L'article 84 de la loi de finances du 31 mars 1903 est modifié comme suit :

« Une somme de 1 500 000 francs est affectée, chaque année, dans les conditions déterminées par la loi :

« 1° Pour un tiers, à la majoration de la pension d'âge ou d'invalidité de plus de 50 francs acquise, ou en instance de liquidation, au 1er janvier de chaque année en faveur de tout ouvrier ou employé des mines, de nationalité française, par application du titre IV de la loi du 29 juin 1894 sur les caisses de secours et de retraite des ouvriers mineurs ;

« 2° Pour les deux autres tiers, à des allocations en faveur de tous autres ouvriers ou employés des mines, de nationalité française, âgés de cinquante-cinq ans au moins au 1er janvier de chaque année et justifiant, à cette date, de trente années de travail salarié dans les mines françaises, sans que le nombre total des journées de travail réparties entre ces trente années puisse être inférieur à 6 600 journées.

« Pour la première année d'application les intéressés sont autorisés à présenter leur déclaration jusqu'au 1er juin 1908.

« *Article 49*. — Les articles 85 et 86 de la loi susvisée du 31 mars

1903 sont remplacés par les dispositions suivantes pour les nouveaux bénéficiaires de majorations et d'allocations attribuées en vertu de la présente loi :

« La majoration ne pourra élever la pension majorée au delà du chiffre de 360 francs, y compris toutes autres ressources, tant de l'intéressé que de son conjoint, mais indépendamment de tout salaire régulier en argent ou en nature, n'excédant pas 50 francs par mois.

« L'allocation prévue à l'article 84-2° sera limitée au chiffre de 240 francs, y compris toutes autres ressources, tant de l'intéressé que de son conjoint, mais indépendamment de tout salaire régulier en argent ou en nature, n'excédant pas 50 francs par mois, et d'une pension de 50 francs au plus liquidée en vertu du titre IV de la loi du 29 juin 1894.

« Un décret délibéré en conseil des ministres, faisant état des disponibilités, pourra relever jusqu'au chiffre de 360 francs le maximum prévu au paragraphe 2 du présent article. »

Article 50. — Les articles 94 et 95 de la même loi du 31 mars 1903 sont remplacés par les dispositions suivantes :

« Les majorations et les allocations, en cas d'insuffisance des crédits correspondants, sont réduites proportionnellement de manière à ne pas excéder chaque crédit.

« Les fractions de franc ne sont pas inscrites. »

L'économie de ces nouvelles dispositions peut se résumer comme suit :

1° Le bénéfice des majorations et des allocations, primitivement réservé par la loi du 31 mars 1903 aux seuls ouvriers remplissant les conditions requises au 1er janvier 1903, est désormais acquis à tous ceux qui réuniront successivement ces mêmes conditions au 1er janvier de chaque année.

Comme conséquence de cette extension, le crédit à répartir annuellement a été porté de 1 million à 1 500 000 francs ;

2° Dans le régime de la loi du 31 mars 1903, il n'était pas fait état des salaires dans le décompte des revenus des intéressés.

Les salaires réguliers entreront désormais dans ce décompte, mais seulement lorsqu'ils excéderont 50 francs par mois.

Les pensions acquises en vertu du titre II viendront aussi en déduction du montant des majorations ou des allocations.

3° La répartition du crédit affecté aux allocations se fera au marc le franc comme pour les majorations.

Enfin, une précision a été introduite à la fin du paragraphe 2 de l'article 48, relativement au décompte des services des candidats aux allocations, en vue d'éviter les divergences d'appréciation qui s'étaient manifestées à ce sujet au sein des commissions.

Le deuxième paragraphe de l'article 90 de la loi du 31 mars 1903 se trouve ainsi implicitement abrogé. Est de même abrogée la loi du 22 avril 1905.

Corrélatives à ces diverses modifications législatives, les instructions qui suivent sont destinées à refondre et à remplacer les instructions antérieures tout en reproduisant d'ailleurs textuellement une partie de leurs dispositions.

On a conservé notamment la coordination adoptée en 1903, en fixant, d'abord, comme l'avait fait la circulaire du 23 mai de cette année, les règles relatives à la constitution des dossiers et à la direction des enquêtes; puis, par la combinaison des circulaires des 24 décembre 1903 et 9 octobre 1906, celles qui se rapportent au paiement des majorations et des allocations d'après les dispositions alors arrêtées de concert entre les ministères des finances et des travaux publics.

A — LOI DU 31 MARS 1903
(modifiée par la loi du 31 décembre 1907)

1 — Ouvriers et employés appelés à bénéficier de la loi

La loi du 31 mars 1903, modifiée par la loi du 31 décembre 1907, comme celle du 29 juin 1894 sur les caisses de secours et de retraites des ouvriers mineurs, ne s'applique qu'aux *mines* françaises concédées, telles qu'elles sont définies par les articles 1, 2 et 5 de la loi du 21 avril 1810 sur les mines et l'article 1 de la loi du 17 juin 1840 sur le sel.

L'article 31 de la loi du 29 juin 1894 avait, il est vrai, prévu que les exploitations de minières et carrières souterraines ou à ciel ouvert pourraient être appelées à bénéficier de ses dispositions par des décrets rendus en Conseil d'État. Mais, en fait, aucune demande de cette nature n'a été présentée et aucune assimilation n'a été prononcée.

Sont, en conséquence, admis à participer, suivant les formes et les conditions stipulées pour chaque cas, aux majorations de retraites ou aux allocations, les ouvriers ou anciens ouvriers, employés ou anciens employés des mines définis par les paragraphes 5, 6 et 7 de la circulaire du 30 juin 1894, portant instructions pour l'application de la loi du 29 juin de la même année, savoir :

1° Les ouvriers du fond ;

2° Les ouvriers du jour occupés à l'extraction ou aux opérations accessoires se rattachant légalement à l'extraction proprement dite ou s'exécutant dans les lieux, ateliers ou chantiers qui forment, en droit minier, des « dépendances légales » de la mine ;

3° Les employés du service actif de la mine ;

4° Les employés à des fonctions ou à des occupations se rattachant à l'exploitation proprement dite de la mine ou aux opérations accessoires qui en découlent.

Toutefois, à la différence de la loi du 29 juin 1894 qui est applicable à *tous* les ouvriers et employés des mines, sans distinction de nationalité, la loi du 31 mars 1903, modifiée par la loi du 31 décembre 1907, exige la nationalité française.

2 — Présentation des demandes et formation des dossiers

I — Déclarations

Tout ouvrier ou employé des mines qui désire bénéficier des dispositions de la loi doit en faire la déclaration, soit en personne, soit par mandataire, au maire de la commune de son domicile.

En temps normal, cette déclaration est reçue, sous peine de forclusion, du 1er janvier au dernier jour de février de chaque année. Mais, pour tenir compte des délais qu'exigent l'étude et la publication des mesures d'application, le législateur a, pour l'année 1908 seulement, étendu jusqu'au 1er juin la période pendant laquelle pourront être acceptées lesdites déclarations.

La déclaration est faite, en principe, une fois pour toutes ; elle doit être renouvelée, lorsque les justifications à l'appui ont cessé d'être exactes, du 1er janvier au dernier jour de février de l'année qui suit celle dans laquelle se sont produites les modifications dans la situation de l'intéressé.

La déclaration est établie conformément aux modèles ci-annexés (Majorations, n° 1 papier rose. — Allocations, n° 7 papier bleu).

Elle n'est reçue et signée par le maire qu'après qu'il lui a été justifié de la qualité de Français de l'intéressé, par la production d'un livret militaire, d'une carte d'électeur, d'une ampliation d'un décret de naturalisation ou de toute autre pièce équivalente. Elle doit être appuyée des pièces nécessaires pour la reconnaissance des titres invoqués.

Ces pièces sont :

Pour les majorations :

1° L'extrait de l'acte de naissance ;

2° La déclaration, même négative, des ressources de l'intéressé et, s'il y a lieu, de son conjoint (modèle n° 1 *bis*, papier rose) ;

3° Un extrait des rôles des contributions directes ou un certificat de non-imposition (modèle n° 1 *ter*, papier blanc) ;

4° La déclaration du montant et de la nature de la pension dont jouit l'intéressé, certifiée exacte par la compagnie minière ou par le président de la caisse de prévoyance (modèle n° 1 *quater*, papier rose).

Pour les allocations :

1° L'extrait de l'acte de naissance ;

2° La déclaration, même négative, des ressources de l'intéressé et, s'il y a lieu, de celles de son conjoint (modèle n° 7 *bis*, papier bleu) ;

3° Un extrait des rôles des contributions directes ou un certificat de non imposition (modèle n° 1 *ter*) ;

4° Un relevé indiquant les exploitations minières françaises dans lesquelles l'intéressé a travaillé et la nature des fonctions ou du travail qui lui étaient confiés. Ce relevé doit être certifié par le demandeur et, en outre, pour ce qui le concerne, par le directeur de la dernière entreprise où le demandeur a été employé (modèle n° 7 *ter*, papier bleu).

Aux termes de l'article 97 de la loi du 31 mars 1903 les diverses pièces à produire à l'appui des déclarations de demandes de majorations ou d'allocations doivent être délivrées gratuitement aux intéressés ; elles sont dispensées des droits de timbre et d'enregistrement. Elles sont indispensables aux commissions chargées de l'examen des déclarations, qui ne pourraient que surseoir à statuer sur un dossier incomplet. Il importe donc de rappeler à MM. les maires le haut intérêt qui s'attache à ce que les intéressés soient mis en mesure de connaître les pièces à fournir et à ce que les déclarations ne soient reçues par eux qu'appuyées de la totalité desdites pièces.

La déclaration doit être rédigée par les maires avec un soin tout particulier. C'est sur le vu de cette pièce que sera établi plus tard le titre au vu duquel aura lieu le paiement de la majoration. Il importe donc au plus haut degré que toutes les indications relatives à l'état civil des intéressés y soient très lisiblement inscrites, que l'orthographe des noms, prénoms, etc., soit rigoureusement conforme aux énonciations de l'acte de naissance.

Toute déclaration reçue dans les mairies forme, avec les pièces y annexées, un dossier qui est placé sous couverture (Majorations, modèle n° 2, papier rose. — Allocations, modèle n° 8, papier bleu), et complété par une note, dans laquelle le maire fait connaître que l'intéressé a justifié de sa qualité de Français, et donne son avis sur la demande et les titres invoqués (Majorations, modèle n° 1 *quinquiès,* papier rose. — Allocations, modèle n° 7 *quater,* papier bleu).

II — Formation des dossiers dans les mairies. Avis du maire

A cet avis se borne, d'ailleurs, l'intervention des maires, auxquels la loi ne donne aucun pouvoir de décision en ce qui concerne les titres des déclarants. Ils n'ont donc pas le droit de refuser les déclarations d'intéressés qui ne leur paraîtraient pas remplir les conditions requises. Dès l'instant que les renseignements donnés par l'intéressé permettent d'établir la déclaration d'une manière complète et sous une forme régulière, et que cette déclaration est accompagnée de toutes les pièces et justifications nécessaires, elle doit être reçue par le maire et transmise à la préfecture.

Les pièces fournies à l'appui de la déclaration, classées dans l'ordre fixé par la nomenclature imprimée sur le recto de ladite couverture, sont attachées à l'intérieur du dossier. Leur nombre et leur désignation sont constatés sur la couverture, dans l'emplacement réservé à cet effet. La déclaration est placée également à l'intérieur du dossier, mais séparée de la liasse des pièces jointes et épinglée seulement à l'acte de naissance.

III — Enregistrement des déclarations dans les mairies

Toute déclaration complète faite aux mairies reçoit un numéro d'ordre et est inscrite, à sa date, sans blanc ni rature, sur un relevé spécial (Majorations, modèle n° 3, papier rose. — Allocations, modèle n° 9, papier bleu).

Le numéro d'ordre est reproduit, dans les emplacements réservés à cet effet, sur la déclaration et sur la couverture du dossier. Ce relevé est arrêté *ne varietur* par le maire, à la date fixée pour la clôture des délais de réception des déclarations, et conservé dans les archives de la mairie pour être consulté en cas de besoin et, notamment, en cas de contestation sur la date à laquelle a été reçue la déclaration.

IV — Récépissé

Récépissé est donné de toute déclaration complète reçue par les maires. Il est établi sur les formules préparées à cet effet (Majorations, modèle n° 4, papier rose. — Allocations, modèle n° 10, papier bleu), et porte le même numéro d'ordre que la déclaration.

V — Envoi aux préfectures

Les dossiers mis en état d'examen et classés dans l'ordre numérique d'enregistrement dans les mairies, sont adressés à la préfecture dès qu'ils sont constitués.

Chaque envoi est accompagné d'un bordereau (Majorations, modèle n° 5, papier rose. — Allocations, modèle n° 11, papier bleu), établi d'après le relevé des mairies, dans le même ordre numérique, et placé au-dessus du premier dossier de la liasse qu'il accompagne.

Le rapprochement de ce bordereau, et de celui qui accompagnait l'envoi précédent, permet à la préfecture de se rendre compte de la régularité avec laquelle les envois sont faits et de constater les omissions ou négligences qui pourraient se produire dans l'exécution du service.

VI — Enregistrement des déclarations à la préfecture

L'article 88 de la loi du 31 mars 1903 prescrit aux préfets d'enregistrer les déclarations faites dans les mairies, dès leur réception à la préfecture, et sur un carnet spécial (Majorations, modèle n° 6, papier rose. — Allocations, modèle n° 12, papier bleu).

a) Carnet d'enregistrement et de constatation des droits

Les dispositions de ce carnet, appelé *Carnet d'enregistrement et de constatation des droits*, ont été combinées en vue d'éviter, dans la mesure du possible, un développement excessif d'écritures. Les indications qui y sont portées successivement par les préfectures, par les commissions d'examen et par l'administration centrale du travail et de la prévoyance sociale, constituent la base indispensable de la constatation des droits des anciens ouvriers mineurs, à la répartition du crédit budgétaire annuel affecté au service des majorations et des allocations.

Il importe donc qu'il soit tenu avec le plus grand soin, cousu et placé sous une *couverture* mobile et solide de même couleur que le carnet.

Ce carnet doit se composer de fascicules distincts en nombre au moins égal à celui des arrondissements de sous-préfectures de votre département. Dans le cas où, par application du deuxième paragraphe de l'article 89 de la loi du 31 mars 1903, il y aurait lieu de créer plusieurs commissions dans un même arrondissement de sous-préfecture, il serait ouvert un fascicule spécial pour l'enregistrement des dossiers qui seront, dans la suite, renvoyés à l'examen de chacune de ces commissions. Je reviendrai d'ailleurs sur ce point dans la partie de la présente circulaire spécialement réservée à l'étude du mode de nomination et du fonctionnement desdites commissions.

b) Rôle des préfectures dans la tenue du carnet d'enregistrement
et de constatation des droits

Dès l'arrivée des envois des maires à la préfecture, les dossiers, frappés du timbre à date de la **préfecture**, sont enregistrés sur les fascicules spéciaux du carnet d'enregistrement, sous un numéro spécial. Une série distincte de numéros est ouverte pour chaque fascicule.

L'enregistrement comporte :

1° L'inscription des nom et prénoms de l'intéressé, tels qu'ils figurent sur l'acte de naissance et sur la déclaration (col. 2 du carnet) ;

2° Le domicile de l'intéressé (col. 3) ;

3° La date de la déclaration (col. 4) ;

4° La caisse de la recette des finances ou de la trésorerie générale sur laquelle le paiement des arrérages doit être assigné (col. 12). Ce dernier renseignement sera pris sur la déclaration.

Les bureaux doivent s'assurer, au fur et à mesure de l'enregistrement, de la régularité de la composition du dossier, et signaler d'urgence, à qui de droit, les omissions que cet examen sommaire ferait constater.

L'enregistrement terminé, l'indication du numéro d'ordre de la préfecture est portée sur le bordereau d'envoi des maires (Majorations, modèle n° 5. — Allocations, modèle n° 11) qui sera classé dans les archives de la préfecture.

VII — Clôture des opérations dans les préfectures

Le carnet d'enregistrement et de constatation des droits est clos, dans toutes les préfectures, cinq jours après l'expiration du délai fixé pour la réception des déclarations dans les mairies. Je compte sur vous pour rappeler, en temps utile, à MM. les maires les conséquences des retards qui se produiraient dans la transmission des dernières demandes reçues par eux. Il serait en effet fâcheux que des intéressés ayant présenté leurs demandes dans les délais légaux soient exposés, par suite de la clôture du carnet, à voir l'ouverture de leurs droits ajournée du fait d'une négligence exclusivement imputable à l'autorité municipale.

L'arrêté de clôture indique, en toutes lettres, le nombre des déclarations reçues à la date de la clôture de chaque fascicule. Il est signé par le préfet.

VIII — Renseignements statistiques à fournir à l'administration centrale

Dans les cinq jours qui suivront la date de la clôture du carnet d'enregistrement, je vous serai obligé de me faire parvenir un état indiquant, par arrondissement et par commune de votre département, le nombre des déclarations enregistrées et soumises à l'examen des commissions spéciales instituées par l'article 89 de la loi du 31 mars 1903.

3 — Des commissions

Les déclarations enregistrées dans les préfectures sont soumises à des commissions spéciales, chargées d'examiner le bien-fondé des titres invoqués par les déclarants, et d'arrêter le montant des ressources qui doivent servir de base à la détermination du chiffre maximum de la majoration ou de l'allocation à laquelle ils auront droit.

I — Formation des commissions

En principe les commissions dont il s'agit sont départementales. Toutefois, afin de ne pas surcharger à l'excès certaines d'entre elles et de les mettre en mesure d'examiner les dossiers dans un très petit nombre de séances, le législateur a laissé au ministre la faculté d'autoriser la création de commissions distinctes par arrondissement de sous-préfecture ou par toute autre circonscription.

En sens contraire, le législateur a prévu le cas où il n'existerait pas d'exploitation minière dans le département et où, par conséquent, il serait impossible de rencontrer l'exploitant et le représentant des ouvriers qui doivent faire partie de la commission.

Les déclarations reçues dans ces départements seront vraisemblablement peu nombreuses. La loi en prescrit le renvoi à la commission qui siège dans la circonscription où se trouve la mine dans laquelle l'ouvrier a fait le plus long séjour.

II — Composition des commissions

La présidence des commissions est attribuée au préfet ou à son représentant. Leur composition a été fixée par l'article 89 de la loi du 31 mars 1903 et par la loi du 21 juillet suivant, d'après des règles qu'on doit s'efforcer de suivre aussi étroitement que possible dans le choix des membres à désigner.

Il appartient notamment au préfet de s'entendre avec les chefs des différents services administratifs pour que leurs délégués soient, - autant qu'il se pourra, à peu près du même rang dans la hiérarchie administrative.

Un secrétaire, nommé par le préfet et choisi de préférence dans le personnel des bureaux des préfectures, sous-préfectures ou mairies, pourra être attaché à la commission.

III — Durée des sessions des commissions

L'article 91 de la loi du 31 mars 1903 dispose que les dossiers doivent être transmis à l'administration supérieure le 1er juillet de chaque année *au plus tard*. Il est donc nécessaire que les opérations des commissions soient terminées *au plus tard le 15 juin*.

Pour la première année d'application de la loi du 31 décembre 1907 et à raison de la prorogation exceptionnelle de délai accordée aux intéressés pour la présentation des déclarations, ces dates extrêmes seront reportées au 15 août pour la transmission des dossiers à l'administration supérieure et au 1er août pour l'achèvement des opérations des commissions.

IV — Convocation des commissions

La commission est convoquée par les soins du président. La date de chaque séance doit être choisie de manière à éviter, dans la mesure du possible, toute entrave dans l'exercice normal des fonctions ou des professions habituelles des membres de la commission.

Les séances sont tenues dans les locaux de la préfecture, de la sous-préfecture ou de la mairie du centre le plus important de la circonscription pour laquelle la commission a été créée.

V — Transmission des dossiers aux commissions

Les dossiers sur lesquels chaque commission est appelée à statuer lui sont transmis, accompagnés du carnet d'enregistrement et de constatation des droits, ouvert à la préfecture. Ce carnet tient lieu de bordereau d'envoi.

Dans les départements où il n'existe aucune entreprise minière, et où, par conséquent, aucune commission ne peut être instituée, les préfets adressent les dossiers dont ils sont saisis au préfet du département dans lequel se trouve la mine où l'intéressé a fait le plus long séjour. Ces envois se font sous bordereaux spéciaux établis par les préfectures expéditrices, en nombre égal à celui des différentes entreprises de mines désignées dans les dossiers.

Il en est accusé réception.

Le préfet destinataire les dirige ensuite sur les commissions compétentes après avoir frappé, à l'arrivée, les bordereaux qui les accompagnent du timbre à date de la préfecture.

VI — Examen et contrôle des déclarations

Les commissions doivent surtout porter leur attention :

a) *Sur la nature des titres invoqués par les intéressés pour être admis au bénéfice de la loi ;*

b) *Sur l'importance des ressources déclarées tant par l'intéressé que par son conjoint.*

a) Nature des titres invoqués

Le fait de jouir, au 1er janvier de l'année de la déclaration, d'une pension de plus de 50 francs, acquise en vertu du titre IV de la loi du 29 juin 1894, est nécessaire et suffisant pour ouvrir droit à la majoration. Il en serait de même si cette pension était en instance de liquidation à la même date.

Le fait d'avoir cinquante-cinq ans d'âge au 1er janvier de l'année de la déclaration et de réunir à cette même date trente années de services est suffisant pour ouvrir droit à l'allocation en faveur de tout ouvrier non titulaire d'une pension du titre IV de la loi du 29 juin 1894, ou n'ayant qu'une pension de cette nature égale ou inférieure à 50 francs.

En ce qui concerne la durée des services des intéressés et pour le cas où les écritures des compagnies ne contiendraient pas d'indications précises à ce sujet, il y aura lieu, pour les commissions, de statuer en équité, après s'être rendu compte du degré de vraisemblance des titres invoqués, notamment par le témoignage d'anciens ouvriers dont la part se trouverait réduite, si le nombre des ayants droit à la répartition était abusivement surélevé par l'admission de services non valables.

b) Importance des ressources

La formule à employer pour les déclarations à faire à ce sujet paraît suffisamment explicite. Toute dissimulation devant, toutefois, avoir pour conséquence d'augmenter, au détriment de la collectivité, la part attribuée à l'intéressé, les commissions doivent mettre en œuvre tous les moyens de contrôle dont elles peuvent disposer, notamment en ce qui concerne les salaires et les pensions du titre II de la loi du 29 juin 1894 qui doivent, désormais, être comptés parmi les revenus à déduire des majorations et des allocations.

Les avis des maires, les renseignements que peuvent avoir sur la situation des intéressés la plupart des membres de la commission, et plus particulièrement les représentants des ouvriers et des compagnies, les investigations auprès des compagnies minières, etc., sont de nature à éclairer les commissions.

VII — Décisions des commissions

Les commissions rendent des décisions d'admission, de rejet, d'ajournement ou de revision.

La décision qui admet un intéressé au bénéfice de la loi fixe en même temps le montant des ressources prises en considération, d'où se déduit le maximum de la majoration ou de l'allocation à laquelle il aura droit.

Les décisions de rejet ou d'ajournement doivent être motivées.

Le rejet doit être prononcé chaque fois que l'intéressé n'est pas compris dans l'une des catégories des bénéficiaires de la loi, que le montant de ses ressources augmenté, s'il y a lieu, du montant de la pension du titre IV supérieure à 50 francs, dépasse les maxima de 240 ou de 360 francs, fixés par la loi, ou enfin quand il ne remplit pas les conditions d'âge ou de durée de services exigées par la loi.

L'ajournement est prononcé lorsqu'il résulte du contrôle des déclarations que les justifications produites sont incomplètes et que l'intéressé ne les a pas complétées ou rectifiées dans le délai qui lui a été imparti par la commission.

Les décisions de revision interviennent en cas d'erreur, de double emploi ou de modifications survenues dans les titres invoqués par les intéressés à l'appui des déclarations qui ont servi de base aux décisions initiales.

Le droit de demander la revision appartient au préfet ou au bénéficiaire.

Le bénéficiaire introduit sa requête dans les formes et délais prescrits pour les déclarations.

La commission statue au cours de la session suivante.

L'examen du travail effectué par les commissions a permis de constater que les formules 1 et 7 employées lorsqu'il s'agit de déclarations à fin d'admission qui, dans ce cas, donnent de bons résultats, contiennent, pour le cas des demandes en revision, des lacunes qui en rendent l'emploi peu commode aussi bien pour les commissions que pour l'administration.

C'est en vue de remédier à ces inconvénients qu'ont été établis les modèles spéciaux (1 A et 7 A), qui devront être employés pour tous les cas de revision, soit sur demande des intéressés, soit sur requête du préfet.

Il y aura également avantage, et j'insiste très particulièrement sur ce point, à ce que les intéressés qui font l'objet de décisions de revision soient inscrits sur des carnets d'enregistrement et de constatation des droits, distincts de ceux sur lesquels sont portés les bénéficiaires admis sur première demande.

Les commissions appelées à rendre des décisions de revision doivent toujours se reporter aux carnets d'enregistrement des années antérieures, que mon administration communique chaque année à cette fin aux préfectures. Elles rappelleront très explicitement les termes de la décision revisée, qui doit toujours être la dernière en date parmi celles qui auront pu intervenir en ce qui concerne l'intéressé, et feront, le cas échéant, connaître le montant de l'ancienne bonification et celui de celle qu'elles ont attribuée à nouveau.

Le numéro du certificat d'admission afférent à la bonification revisée devra toujours être indiqué.

VIII — Rappels d'arrérages

L'article 92, § 3, de la loi du 31 mars 1903, relatif aux revisions effectuées par les commissions, stipule que « la nouvelle décision ainsi prise n'a pas d'effet sur les répartitions antérieures ».

La question s'était posée de savoir si l'expression « n'a pas d'effet sur les répartitions antérieures » devait être interprétée en ce sens que les décisions de revision des commissions n'auraient pas d'effet rétroactif et que, par suite, ces décisions n'ouvriraient pas droit à des rappels d'arrérages.

Cette question a été portée devant le Conseil d'État à l'occasion de pourvois dont il a été question ci-dessus. Le Conseil d'État s'est exprimé comme suit à ce sujet :

« Considérant qu'il appartient à la commission seule de reviser, s'il y a lieu, sa décision antérieure... et de reconnaître à sa prochaine session les droits acquis par le requérant pour les années antérieures. »

Ce considérant pose nettement le principe des rappels d'arrérages et consacre, pour les commissions, le pouvoir de reconnaître, s'il y a lieu, dans leurs décisions de revision, les droits que les intéressés ont pu acquérir pour les années antérieures. Il appartient donc aux commissions de statuer à cet égard et d'indiquer, à la suite de leurs décisions, la date à laquelle doit en remonter l'effet.

Il y a lieu d'appeler tout particulièrement l'attention des commissions sur ce point en leur recommandant, d'une part, de fixer les dates dont il s'agit d'une manière judicieuse, c'est-à-dire en vue de prévenir des doubles emplois et des anomalies comme il en a été trop souvent relevé ; et, d'autre part, d'apporter le plus grand soin et la plus grande clarté dans la rédaction des indications qu'elles consignent à ce sujet à la suite de leurs décisions. En cas d'omission, en effet, l'administration chargée d'appliquer les décisions des commissions, ne pourrait y suppléer d'office et il en résulterait parfois un préjudice pour les intéressés.

La loi du 31 décembre 1907 ne devant pas avoir d'effet rétroactif pour les années antérieures à 1908, le point de départ des droits des intéressés sera celui qu'indique l'article 96 de la loi du 31 mars 1903, c'est-à-dire le premier jour du trimestre qui suit celui dans lequel a été faite la déclaration. Les commissions n'auront donc aucune date à indiquer à ce sujet.

Ultérieurement, et lorsque des rappels d'arrérages seront accordés par voie de revision, leur point de départ ne devra pas être antérieur à la date correspondant, d'après la même règle, à celle de la déclaration initiale.

Avant de clore la session des commissions, les préfets, présidents, devront s'assurer qu'aucun oubli n'a été commis, ou, le cas échéant, inviter les commissions à combler les lacunes qu'ils auraient pu relever.

Pour le cas de décisions de revisions comportant suppression ou modification de majorations ou d'allocations déjà acquises, les commissions devront s'inspirer de ce principe également posé par le Conseil d'État, que « les décisions des commissions spéciales règlent définitivement les droits des intéressés pour l'année à laquelle elles s'appliquent ».

Le Conseil d'État n'ayant point défini les limites dans lesquelles doit être comprise « l'année », il s'est produit, à ce sujet, des divergences d'interprétation : certaines commissions ont déduit de la combinaison des articles 88 et 96 de la loi du 31 mars 1903 que l'année à laquelle s'appliquent leurs décisions antérieures devait être comptée du 1er avril d'une année au 31 mars de l'année suivante ; d'autres, ne tenant compte que du mécanisme résultant des conditions dans lesquelles s'est faite la première application de la loi, ont considéré que « l'année » coïncide avec chaque répartition, c'est-à-dire qu'elle comprend, avec le quatrième trimestre d'une année légale, les trois premiers trimestres de l'année légale suivante. Elles ont, en conséquence, spécifié que leurs décisions de revision n'auraient d'effet qu'à compter du 1er octobre, c'est-à-dire que l'annualité de ces décisions coïnciderait avec l'annualité des bons de paiement, qui ont toujours été établis pour une période comprise entre le 1er octobre d'une année et le 30 septembre de l'année suivante.

Cette seconde interprétation, bien que non encore sanctionnée par un texte législatif formel, doit être adoptée comme présentant sur la première l'avantage de ne pas permettre aux intéressés, encore en possession de leurs bons, de toucher des arrérages qui viendraient se cumuler avec ceux de la nouvelle bonification, arrérages dont mon administration doit assurer le paiement à partir de la date indiquée par lesdites décisions.

L'attention des commissions devra être spécialement appelée sur ce point.

IX — Constatation des décisions des commissions

Les décisions des commissions sont relatées au verso des déclarations (modèles n°s 1 et 7) dans les emplacements réservés à cet effet. Elles sont signées par le président.

X — Notification des décisions des commissions

Les décisions des commissions sont notifiées aux intéressés par l'intermédiaire des préfets qui ont enregistré les déclarations, avant le 31 décembre de l'année dans laquelle la décision a été rendue.

Les décisions comportant rejet ou ajournement sont notifiées sans délai avec l'indication du motif sommaire. L'agent notificateur dresse un procès-verbal de la remise de la décision, qui est transmis sans délai à la préfecture; mention en est faite sur les déclarations (modèles n°s 1 et 1 A, 7 et 7 A) sous le titre « Observations du préfet ».

Les décisions d'admission sont notifiées ultérieurement, dès que le préfet a reçu du ministre du travail et de la prévoyance sociale les certificats d'admission établis au nom des ayants droit.

XI — Envoi des dossiers au ministère

Dès la réception des dossiers examinés par les commissions, les préfets en extraient les déclarations et les adressent au ministre du travail et de la prévoyance sociale (Direction de l'assurance et de la prévoyance sociales), classées dans leur ordre d'inscription au carnet d'enregistrement et de constatation des droits.

Ce carnet est joint à l'envoi et tient lieu de bordereau.

Les autres pièces du dossier sont conservées et classées dans les archives des préfectures, pour y être consultées en cas de besoin.

Dans les départements où ne fonctionne aucune commission, les colonnes 4 et 5 du carnet d'enregistrement et de constatation sont remplies par les soins des préfectures, au vu des déclarations, et contrôlées par un rapprochement avec les annotations du bordereau d'envoi aux commissions.

4 — Observations générales

Les décisions des commissions ne peuvent être attaquées, devant le Conseil d'État, que pour incompétence, excès de pouvoirs ou violation de la loi. Le recours, dispensé de frais et d'avocat, n'est ouvert qu'au préfet ou à l'intéressé.

La requête introductive d'instance doit être déposée, suivant le droit commun, au secrétariat du Conseil d'État, dans le délai de deux mois à dater du jour de la notification à l'intéressé de la décision de la commission.

B — LOI DU 17 AVRIL 1906, ARTICLE 66

Aux termes de la loi du 31 mars 1903, la bonification attribuée au vieil ouvrier mineur s'éteignait avec lui : aucune disposition ne permettait de reverser sur la tête du conjoint survivant une partie de cette bonification.

Le Parlement s'est ému de la situation malheureuse dans laquelle la disparition du chef de la famille laissait les membres survivants et surtout la veuve et, dans la discussion du budget relatif à l'exercice 1906, il a voté une disposition qui a pris place à l'article 66 de la loi de finances du 17 avril 1906 et qui est ainsi conçue :

« La majoration et l'allocation prévues par l'article 84 de la loi de finances du 31 mars 1903 sont réversibles par moitié sur la tête du conjoint survivant et non remarié.

« Un règlement d'administration publique précisera les conditions d'application de cette réversibilité. »

Conformément à la volonté exprimée par le Parlement, un décret du 27 juillet 1906 portant règlement d'administration publique a pris soin de préciser les conditions à remplir par les intéressés pour obtenir le bénéfice de la réversibilité.

Il est à remarquer tout d'abord que, bien que la loi doive s'appliquer dans la généralité des cas à des veuves, le législateur a employé à dessein l'expression conjoint et non celle de veuve. Sous le terme générique d'ouvriers et employés des mines, la loi du 31 mars 1903, comme celle du 29 juin 1894, a entendu en effet désigner les ouvriers ou employés femmes qui sont attachés à l'exploitation de la mine aussi bien que les hommes. La loi du 31 mars 1903 compte, parmi les titulaires de bonifications, un certain nombre de femmes, et le législateur a voulu qu'à leur décès le mari survivant puisse être appelé à recueillir le bénéfice de la disposition qu'il édictait.

L'article 1 du règlement d'administration publique définit les conditions à remplir pour avoir droit à la réversibilité.

Elles sont au nombre de trois :

1° En premier lieu, l'intéressé doit être le conjoint survivant d'un ouvrier ou employé des mines qui avait lui-même été admis, de son vivant, à participer aux avantages de la loi du 31 mars 1903.

Si donc un ouvrier ou employé des mines, bien qu'ayant présenté une demande de participation à la loi, avait vu cette demande rejetée par les commissions spéciales instituées en exécution de l'article 89 de la loi de 1903, le conjoint survivant n'aurait aucun droit à faire valoir à l'application de l'article 66 de la loi du 17 avril 1906.

Le conjoint survivant, en effet, n'a pas de droit personnel à l'application de la loi de 1903 ; son droit à participer à la loi de 1906, il le tient tout entier de celui qui avait été reconnu au bénéficiaire prédécédé. Il faut donc, pour que le conjoint survivant puisse se réclamer de la loi de 1906, que le conjoint prédécédé ait lui-même été admis à participer aux avantages de la loi de 1903 ;

2° En second lieu, le conjoint prédécédé devait, au jour de sa mort, être maintenu dans son droit à la bonification qui lui avait été attribuée en vertu de la loi de 1903. Par application des principes qui ont été rappelés à l'occasion de la première condition, il se conçoit aisément en effet que, si un bénéficiaire admis à participer aux avantages de la loi de 1903 s'était vu postérieurement retirer ce droit par une décision émanant d'une des commissions souveraines, le conjoint survivant ne saurait être admis à faire valoir un droit que l'auteur, de qui il le tient, ne possédait plus lui-même ;

3° Le conjoint survivant ne doit pas être remarié. En cas de nouveau mariage, en effet, le droit à l'application de l'article 66 de la loi du 17 avril 1906 disparaît et c'est en vue d'assurer l'exécution de cette prescription que, tant dans le libellé du certificat de vie dont il sera parlé ci-après que dans la quittance donnée de la somme trimestrielle reçue, l'administration a pris soin d'insérer une déclaration faite par l'intéressé attestant qu'il n'est pas remarié.

L'article 2 du règlement d'administration publique détermine l'autorité à laquelle doit être adressée la demande, et confie au ministre le soin d'arrêter les justifications dont cette demande doit être accompagnée. Un arrêté du 28 juillet 1906 a répondu à cet objet.

Il a paru à l'administration, en ce qui concerne la forme de la demande, qu'il y avait lieu de maintenir le principe de la déclaration, déjà en usage pour les bénéficiaires de la loi du 31 mars, et de faire recevoir cette déclaration par le maire du domicile intéressé.

Je n'ai aucun commentaire à donner des autres dispositions de l'arrêté du 28 juillet 1906. Je rappellerai seulement qu'aux termes d'un arrêté modificatif en date du 31 mai 1907, le certificat d'admission du conjoint prédécédé n'a plus à être produit à l'appui de la déclaration du conjoint survivant ; un certificat du maire, dressé sur l'attestation de deux témoins et constatant la nature et le montant de la bonification dont jouissait le défunt, suffit.

Le paragraphe 2 de l'article 2 du règlement mentionne que « le préfet transmet le dossier au ministre, qui arrête le montant de la bonification conformément aux dispositions de l'article 3 ».

Les dossiers des bénéficiaires de la loi du 17 avril 1906 n'ont pas à être soumis à l'examen des commissions spéciales instituées par l'article 89 de la loi du 31 mars 1903. Il ne s'agit pas, en effet, dans l'espèce, d'examiner les titres invoqués par les intéressés, d'arrêter le montant des revenus et celui de la pension à majorer. La loi a déterminé la quotité de la réversibilité à laquelle peut prétendre l'ayant droit ; elle a pris comme base la situation du défunt telle qu'elle était au jour du décès. Le règlement d'administration publique a reconnu que, dans ces conditions, il n'y avait aucun intérêt à imposer aux commissions, déjà surchargées dans un certain nombre de départements, un travail purement matériel et que cette procédure entraînerait par contre des retards préjudiciables aux bénéficiaires. Vous savez, en effet, que l'article 88 de la loi du 31 mars 1903 a assigné, pour les déclarations, des délais très stricts (1er janvier, dernier jour de février) passé lesquels toute demande nouvelle ne peut plus être soumise utilement aux commissions, au cours de leur session annuelle : l'examen de ces dossiers se trouve par suite différé à l'année suivante. L'administration a pensé qu'il importait, dans la circonstance, d'éviter aux parties prenantes un préjudice que ne justifiait aucune considération financière. Le conjoint prédécédé, en effet, ayant été compris dans la répartition en cours, rien ne s'oppose à ce que les droits du survivant soient liquidés immédiatement et imputés sur la somme disponible laissée par le défunt. C'est dans ce but que le règlement d'administration publique porte que le dossier est transmis par le préfet au ministre, et que l'arrêté du 28 juillet 1906 stipule que les déclarations sont reçues à la mairie, dès le jour du décès, et à toute époque de l'année.

L'article 3 du règlement, dans son paragraphe 1, précise le chiffre de la bonification accordée au prédécédé, qui doit être pris pour base de la réversibilité : c'est celui qui « avait été attribué, *en dernier lieu,* par la commission spéciale ».

La paragraphe 2 du même article applique aux bonifications de réversibilité les règles de réduction auxquelles sont soumis les majorataires et les allocataires vivants et participant à la loi du 31 mars.

Aux termes de ces articles, quand les crédits affectés à chaque nature de bonifications sont insuffisants, le ministre, chargé d'arrêter la répartition, doit réduire la part revenant à chaque bénéficiaire dans les proportions voulues pour que la dépense totale n'excède pas les crédits qui lui sont assignés. Il était de toute équité de décider que ces règles seraient également applicables aux majorations ou allocations des conjoints survivants.

Enfin, l'article 4 dudit règlement pose le principe que la bonification est due à dater du jour qui suit celui du décès, mais il prend soin d'ajouter « sans toutefois qu'il y ait lieu à rappel pour les répartitions antérieures à celle dont le paiement est en cours au moment où la demande de l'intéressé, prévue à l'article 2, parvient à l'administration ».

Je vous signale, en terminant, l'intérêt qui s'attache, d'après cette dernière disposition, à ce que les demandes des conjoints survivants parviennent à mon administration dans un délai suivant d'aussi près que possible la date du décès. Il conviendra d'attirer sur ce point l'attention des mairies et de leur recommander la plus grande diligence dans la constitution et la transmission des dossiers.

Pour faciliter leur tâche, l'administration mettra d'ailleurs à leur disposition les formules de déclaration (1 *b*, 7 *b*), de bordereau de transmission (2 *a*, 8 *a*) ainsi que, plus tard, les certificats de vie dont elles pourraient avoir besoin. Quant aux différents actes de l'état civil dont la production est exigée, il est à peine besoin de rappeler qu'ils bénéficient des dispositions de l'article 97 de la loi du 31 mars 1903 et sont dispensés des droits de timbre.

C — MESURES D'APPLICATION

1 — Considérations générales

Pour interpréter d'une manière fidèle et complète la pensée qui avait présidé à l'élaboration comme au vote de la loi, le gouvernement s'était, en 1903, préoccupé de chercher un mode d'application permettant de rendre aussi simples et aussi peu nombreuses que possible les formalités à remplir par les ayants droit pour être mis en possession des sommes qui leur seraient dues. Les mesures concertées à cet effet entre les administrations des finances et des travaux publics ont fait l'objet des circulaires des 24 décembre 1903 et 9 octobre 1906. Les instructions qui vont suivre sont la combinaison des parties essentielles de ces deux circulaires complétées par diverses recommandations ayant pour objet d'appeler l'attention sur certains points spéciaux d'application.

Certificats d'admission. — Les titulaires de majorations ou d'allocations sont munis d'un certificat d'admission (majorations, modèle n° 13 ; allocations, modèle n° 14) qui reste leur propriété tant que des modifications ne se sont pas produites dans la situation qu'ils ont déclarée aux commissions et que celles-ci ont consacrée par leurs décisions.

Certificats de vie. — Le dernier jour de chaque trimestre, les bénéficiaires doivent se rendre à la mairie de leur résidence pour faire établir à leur nom un certificat de vie individuel (modèles n° 18, majorations, rose ; n° 19, allocations, bleu).

A défaut d'initiative prise par les intéressés, le maire doit les convoquer à la mairie dès qu'il est en possession des bons.

Pour le trimestre échéant le 1ᵉʳ janvier, les intéressés produiront au maire, comme pièce justificative de leurs droits, leur certificat d'admission.

Sur le vu de cette pièce, le maire établira le certificat *individuel* de vie *qu'il remettra directement au bénéficiaire en même temps que le bon annuel.*

Pour les trois autres trimestres, les bénéficiaires devront produire au maire comme justification :

1° Leur certificat d'admission ;

2° Leur bon annuel.

Au pied du certificat de vie se trouve une formule d'acquit comportant les indications ci-après : nom du titulaire, numéro du certificat d'admission, montant annuel de la bonification tel qu'il résulte de la répartition en cours, trimestre auquel s'applique le paiement, somme payée.

Bons de paiement. — Chaque année, dans les derniers jours de décembre, l'administration envoie sous plis chargés, aux ingénieurs en chef des mines, les bons de paiement établis au nom de tous les bénéficiaires, résidant dans le ressort de leur arrondissement et figurant dans la répartition qui est arrêtée et publiée avant le 31 décembre.

Ces bons sont annuels. Ils portent quatre cases destinées à recevoir, chaque trimestre, l'apposition du timbre de paiement de l'agent des finances.

Des bons trimestriels sont, en outre, mis en usage pour le cas soit de paiement, par voie de rappels, d'arrérages, s'appliquant à une période antérieure à celle portée sur le bon annuel et comprenant moins d'une année, soit le règlement aux héritiers des arrérages dus au jour du décès. Les ingénieurs en chef font parvenir, sans délai, également sous plis chargés, ces bons aux maires des communes dans lesquelles résident les bénéficiaires. Cet envoi, fait sous formule modèle n° 23, est accompagné des bordereaux-récépissés réglementaires (modèles n°s 24 et 25).

Remise des bons aux titulaires. — *Paiement.* — Les maires, *dès réception,* vérifient si les nombres portés dans le bordereau récapitulatif (modèle n° 23) correspondent bien aux nombres des bons reçus. Ils datent et signent l'accusé de réception, et le renvoient immédiatement à l'ingénieur en chef, remettent ces bons aux parties vivantes et habitant leur commune, constatent cette remise en faisant émarger les intéressés sur le bordereau-récépissé et renvoient ce bordereau à l'ingénieur en chef des mines pour être conservé par ce dernier comme pièce justificative.

Pour toucher, les bénéficiaires se rendent chez le comptable le plus à proximité de leur domicile (trésorier général, receveur des finances ou percepteur). Ils doivent produire :

1° Le certificat d'admission ;

2° Le bon annuel établi à leur nom ;

3° Le certificat de vie.

Le comptable s'assure de la concordance entre les numéros et les énonciations qui figurent sur les trois pièces ; il vérifie l'authenticité des bons, qui lui est garantie par l'apposition, sur chaque bon, du timbre du ministère ; il fait remplir par l'intéressé la formule d'acquit portée au pied du certificat de vie ; il garde cette pièce et paie, sans que, sauf dans certains cas exceptionnels, le bon ait eu à être soumis préalablement au visa du trésorier général.

Le comptable, en payant, rend au titulaire le certificat d'admission qui doit être produit avec le bon à chaque échéance. Les certificats de vie quittancés sont ensuite versés à la trésorerie générale. Le trésorier général, à son tour, réunit tous ceux qui lui sont parvenus dans le mois et les envoie, avec les bordereaux récapitulatifs correspondants, au ministère du travail et de la prévoyance sociale (Direction de l'assurance et de la prévoyance sociales) qui, après vérification, délivre une ordonnance directe au nom du trésorier général pour le couvrir de l'avance par lui faite.

Pour le dernier trimestre, le trésorier général joint également aux certificats de vie les bons de paiement qui, lors du paiement afférent à ce trimestre, sont retenus par le payeur.

Telles sont, brièvement résumées, les dispositions arrêtées pour le paiement des majorations et des allocations.

On a vu, par ce qui précède, que l'intervention des ingénieurs en chef des mines dans l'application de la loi est limitée aux opérations qui se rapportent à la transmission des bons aux maires.

L'instruction de toutes les autres questions auxquelles donne lieu l'exécution de la loi est du ressort des préfectures.

2 — Certificats d'admission

Les certificats d'admission, établis par le ministère du travail et de la prévoyance sociale, sont envoyés au préfet, accompagnés de bordereaux dont chacun doit comprendre tous les titulaires d'une même commune, et qui doivent être remplis par la préfecture avant d'être transmis aux maires. Ces bordereaux, qui servent en même temps de récépissés, doivent être retournés au ministère (Direction de l'assurance et de la prévoyance sociales) par la préfecture après signature par chaque destinataire ou, à défaut, par le maire.

Le certificat d'admission est personnel au titulaire. Il ne peut être ni cédé ni saisi. Il ne doit être remis qu'au titulaire lui-même, et dans le cas où, pour une raison quelconque (changement de domicile, décès ou toute autre cause), cette remise ne pourrait être faite, le maire doit renvoyer le certificat au préfet avec le bordereau-récépissé en indiquant le motif du renvoi sur ce bordereau, en regard du nom du bénéficiaire, dans la colonne réservée à l'émargement. Le préfet, à son tour, le fait parvenir au ministère du travail et de la prévoyance sociale (Direction de l'assurance et de la prévoyance sociales).

Les certificats d'admission (modèle n° 13, majorations ; n° 14, allocations) portent au recto toutes les indications nécessaires pour identifier le titulaire.

Ils doivent être signés par les intéressés. Dans le cas où ceux-ci se trouvent dans l'impossibilité d'apposer leur signature, soit par suite d'infirmités ou de maladie, soit parce qu'ils sont illettrés, le maire doit y suppléer en indiquant la cause de l'inobservation de cette prescription ; il signe et appose le cachet de la mairie. Cette indication est un moyen de contrôle pour le payeur lorsque les bons lui sont présentés.

Au verso, le numéro inscrit dans la manchette droite est celui du compte ouvert à chaque bénéficiaire par l'administration centrale.

Il est ouvert des comptes distincts pour chacune des deux natures de bonifications stipulées par la loi et chaque catégorie porte une série distincte de numéros.

Des comptes spéciaux sont ouverts, dans les mêmes conditions, aux bénéficiaires de la loi du 17 avril 1906. Les numéros correspondants sont suivis de la lettre R (Réversibilité).

Les certificats délivrés à cette catégorie de bénéficiaires se caractérisent par les mentions : Lois des 31 mars 1903 et 17 avril 1906. — Conjoint survivant. — Réversibilité.

Il est indispensable, toutes les fois qu'une réclamation, de quelque nature qu'elle soit, est adressée à l'administration, de rappeler le numéro du compte et la catégorie des bonifications à laquelle elle se rapporte.

J'appelle tout particulièrement votre attention sur ce point.

Les certificats sont revêtus par l'administration d'un timbre spécial, dont il sera parlé ci-après, et qui sert également à authentifier les bons de paiement.

I — Changement de résidence

Les énonciations des certificats d'admission n'assignent aucun département pour le paiement.

L'intéressé, dans le cas où il vient à transférer sa résidence soit dans une autre commune du même département, soit dans un autre département, n'est donc pas tenu de se dessaisir de ce titre pour le faire modifier. Cette pièce doit toujours rester entre ses mains et être présentée à chaque échéance, au payeur, concurremment avec le bon. Mais, pour éviter tout retard dans le paiement des arrérages, le titulaire doit, en cas de changement de résidence survenu entre la remise du certificat et celle du bon de paiement, adresser au préfet, par l'intermédiaire du maire de sa nouvelle résidence, une déclaration (formules n° 15, majorations [rose] ; n° 16, allocations [bleue]) que celui-ci transmet au ministère du travail et de la prévoyance sociale (Direction de l'assurance et de la prévoyance sociales). Des mesures sont prises pour faire parvenir les bons de paiement au maire de ladite commune (Voir *Paiement — Changements de résidence*).

II — Décès

En cas de décès, deux éventualités sont à considérer :

1° Le titulaire décède sans laisser d'héritiers. Aucune demande de paiement des arrérages restant dus au jour du décès ne devant se produire dans ce cas, il convient que le maire, toutes les fois qu'il le pourra, se fasse remettre le certificat et le renvoie à la préfecture. Il importe, en effet, pour éviter les abus possibles, que ni certificats ni bons ne soient jamais laissés en souffrance. Ces pièces, dès qu'elles sont devenues sans objet, doivent faire retour au ministère (Direction de l'assurance et de la prévoyance sociales) ;

2° Le titulaire meurt laissant des héritiers. Les héritiers peuvent réclamer le paiement de la partie des arrérages non touchés par le titulaire au jour de son décès (dans les limites de la prescription fixée par la loi). Ils ont dans ce cas à remplir les formalités qui seront indiquées plus loin au paragraphe « Paiement — Décès ». Au nombre des pièces à produire par eux figure le certificat.

III — Perte de la qualité de Français. Mariages

L'article 84 de la loi spécifie que les majorations ou allocations ne sont acquises, dans des conditions déterminées, qu'à des ouvriers de nationalité française. L'ouvrier qui viendrait à perdre la qualité de Français (C. civ., art. 17) verrait donc ses droits aux majorations ou allocations suspendus durant la privation de cette qualité.

Le fait peut, notamment, se produire pour les majorations ou allocations attribuées à des ouvriers *femmes* qui auraient contracté mariage avec un étranger depuis que leurs droits ont été constatés par la commission ou depuis la délivrance du certificat d'admission, ou qui viendraient par la suite à contracter une union avec un étranger (à moins que la loi qui régit la condition de cet étranger ne confère pas à la femme la nationalité du mari). D'autre part, le droit à l'application de l'article 66 de la loi du 17 avril 1906 n'existe, pour les conjoints survivants des bénéficiaires de la loi de 1903, qu'à la condition qu'ils ne soient pas remariés.

Pour l'ouvrier comme pour l'ouvrière qui ont perdu la qualité de Français, comme pour le bénéficiaire de la loi de 1906 qui vient à contracter un nouveau mariage, le droit à la majoration ou à l'allocation n'existe plus et le certificat doit être réclamé par le maire et renvoyé au préfet. Pour l'ouvrière qui aurait contracté depuis la même époque ou viendrait à contracter mariage avec un *Français*, sa situation au point de vue de l'état civil se trouvant modifiée, les énonciations portées sur les certificats et les bons ne seraient plus exactes. Il convient donc que le maire ne délivre plus de certificat de vie à la titulaire et l'invite à régulariser sa situation en adressant une demande au préfet, demande à laquelle sera joint le certificat d'admission et une copie de l'acte de mariage (sur papier libre).

IV — Changement survenu dans la situation des bénéficiaires

Lorsque, à la suite de changements survenus dans la situation des ressources d'un bénéficiaire, la commission compétente est amenée à prendre une nouvelle décision emportant modification, en plus ou en moins, du taux de la bonification précédemment allouée, un nouveau certificat caractérisé par la mention « Majoration (ou allocation) revisée, etc. » est établi, avec un nouveau numéro, au nom de l'intéressé. Ce titre ne doit lui être délivré par le maire que contre remise de l'ancien qui est renvoyé à la préfecture.

Dans le cas où un bénéficiaire vient à perdre tout droit à la majoration ou à l'allocation et où intervient une décision de radiation, le préfet doit, aussitôt qu'il est saisi de cette décision, inviter le maire à réclamer le certificat d'admission du radié et à le transmettre à la préfecture.

Les certificats qui, dans les divers cas précités, font retour à la préfecture, doivent être transmis aussitôt, avec indication du motif du renvoi, au ministère (Direction de l'assurance et de la prévoyance sociales).

V — Perte du certificat

Si le titulaire du certificat d'admission vient à perdre son titre, il doit en faire la déclaration au maire. Le maire dresse une déclaration conforme au modèle n° 17. Cette déclaration est visée pour légalisation par le sous-préfet. La déclaration ainsi complétée est adressée au préfet pour être transmise au ministère. Un duplicata de ce certificat est dressé et transmis à l'intéressé par l'intermédiaire du préfet et du maire. Des mesures sont prises pour que le paiement ne puisse être effectué sur production du certificat original.

3 — Certificats de vie

I — Importance des certificats de vie

Les certificats de vie (modèles n° 18 [rose] majorations, et n° 19 [bleu] allocations) présentent, au point de vue de la constatation des droits des titulaires et du paiement des bons, une importance capitale.

Toute négligence, tout retard appportés par les maires dans leur rédaction entraînent forcément un retard corrélatif dans le paiement des sommes dues.

Tout certificat délivré à un titulaire qui aurait cessé d'avoir droit aux majorations ou aux allocations exposerait à faire un paiement indu.

Il convient d'appeler d'une manière toute particulière l'attention des maires sur ces différentes considérations.

Les certificats de vie doivent donc être établis correctement et contenir très exactement et très complètement toutes les indications destinées à identifier les bénéficiaires et à constater leurs droits.

Je rappelle à cette occasion que la somme à mentionner *dans le corps* du certificat de vie est celle qui représente le maximum annuel de la majoration ou de l'allocation susceptible d'être payée à l'intéressé, c'est-à-dire celle qui figure *sur le certificat d'admission*.

J'ajoute que les maires n'ont pas à remplir la quittance de paiement qui se trouve au pied du certificat de vie : cette partie de l'imprimé doit être laissée en blanc pour être remplie par le payeur, lors du paiement.

Les certificats doivent être dressés très rapidement, mais pas avant le dernier jour du trimestre écoulé. Ils constituent en effet la constatation des droits actuels des titulaires qui y figurent et établissent leur créance vis-à-vis de l'État. Or il est de règle que la justification des droits doit précéder l'émission du mandat par l'ordonnateur.

Dans l'espèce, les bons sont assimilés à des mandats de paiement. Il faut donc que seuls les bénéficiaires qui, au dernier jour du trimestre écoulé, ont droit au paiement des arrérages, reçoivent des certificats de vie.

II — Cas exceptionnels

Dans les cas ordinaires de paiement d'arrérages de pension, la délivrance de certificats de vie, *le dernier jour du trimestre*, ne présente aucune difficulté ; le pensionnaire se rend à cette date chez un notaire ou un maire, suivant les cas, et fait établir un certificat de vie *individuel*. Il n'en est pas de même ici. Dans certaines communes, le nombre des ayants droit est trop considérable pour que tous les certificats puissent être délivrés en un seul jour ; enfin, certains ayants droit peuvent être empêchés de se présenter ce jour-là même.

Il convient donc que, dans ces cas particuliers, les maires dressent, le dernier jour du trimestre, le certificat de vie du plus grand nombre possible de bénéficiaires et dressent d'autres certificats *les jours suivants* et sans interruption pour ceux dont la constatation d'existence n'aurait pu être faite le premier jour.

Hormis ces cas relativement rares, les certificats de vie doivent être dressés le dernier jour du trimestre.

Les maires ont, en conséquence, à se conformer très exactement aux indications qui leur sont données : 1° en marge des formules (n° 18, majorations ; n° 19, allocations) ; 2° au verso desdites formules, au titre « Renseignements à l'usage des maires », et qui sont reproduites ci-après avec quelques explications complémentaires.

III — Titulaires ayant droit au certificat de vie

Le maire ne doit délivrer de certificats de vie qu'aux bénéficiaires habitant sa commune et existant le dernier jour du trimestre.

IV — Signatures des titulaires

Dans le cas où un titulaire ne sait ou ne peut signer, il en est fait mention par le maire.

V — Infirmes, malades, absents, etc.

Dans le cas où le titulaire, pour cause de maladie, d'infirmités ou d'absence, ne peut se présenter en personne à la mairie, le maire peut faire constater l'existence par tels moyens qu'il jugera bons.

VI — Changements de résidence

Le maire ne doit pas délivrer de certificats de vie aux bénéficiaires qui ne résident plus dans sa commune. Il doit faire mention de leur changement de résidence sur la formule appropriée (18 *c* majorations ; 19 *c* allocations) et l'envoyer immédiatement et directement au ministère (Direction de l'assurance et de la prévoyance sociales), qui prendra les mesures pour retrouver l'intéressé et, le cas échéant, lui faire parvenir son bon de paiement.

VII — Décès

En cas de décès du bénéficiaire, le maire ne peut délivrer aux héritiers un certificat de vie. Il les invite à adresser au préfet une demande spéciale tendant à obtenir, s'il y a lieu, le paiement des sommes dues au jour du décès, en y joignant les pièces spéciales ci-après énoncées (Voir *Paiement — Décès*).

Dans le cas où le bénéficiaire décédé laisse un conjoint survivant, le maire doit inviter ce conjoint à former une demande spéciale à l'effet d'obtenir la réversibilité à son profit de la moitié de la bonification.

4 — Bons

I — Description des bons

Les bons portent l'indication du département où réside le titulaire, les trimestres pour lesquels ils sont établis, les nom et prénoms du titulaire, son domicile, l'indication en toutes lettres (sans surcharges ni ratures) de la somme qui lui est due pour l'ensemble des trimestres énoncés : cette somme est reproduite en chiffres dans la manchette de droite ; enfin, l'indication, en chiffres, de la somme due par trimestre.

Dans la manchette de gauche se trouve inscrit le numéro du compte ouvert par l'administration à chaque titulaire, numéro qui est également reproduit sur le certificat d'admission.

Ces bons sont revêtus par l'administration d'un cachet spécial qui en assure l'authenticité.

II — Remise des bons aux parties prenantes

III — Renvoi du bordereau-récépissé. Renvoi des bons non remis

Le maire assure la distribution des bons aux parties prenantes par tels moyens qu'il juge les plus rapides. Cette remise doit avoir lieu *sans aucun délai, entre les mains du titulaire lui-même et contre reçu*. A cet effet, les maires utilisent le bordereau-récépissé qui leur a été adressé par les ingénieurs en chef, ils font signer les intéressés ou constatent (pour les illettrés) la remise dans la colonne n° 4, puis ils renvoient le bordereau-récépissé aux ingénieurs en chef dans le délai de quinze jours, en y joignant les bons (sous pli chargé) qui n'auraient pu être remis aux parties prenantes pour un motif quelconque (absence, changement de résidence, etc.). Ils font connaître les motifs du renvoi de ces bons.

IV — Renvoi à l'administration des bons restés en souffrance

Les ingénieurs rassemblent les bordereaux-récépissés qui constituent leur « dossier comptable ». Ils font en même temps retour (sous pli chargé) au ministère (Direction de l'assurance et de la prévoyance sociales) des bons restés en souffrance, en indiquant les observations présentées à ce sujet par les maires.

5 — Paiement des bons

I — Paiement

Les indications nécessaires ont été données ci-dessus en ce qui concerne le paiement des bons dans les conditions normales. Il reste à traiter de ce qui concerne divers cas spéciaux.

II — Titulaires infirmes ne pouvant signer. Procurations

Dans le cas où les majorataires ou allocataires ne pourraient pas signer eux-mêmes l'acquit et la déclaration, ils devraient avoir recours à un *mandataire*. Cette question, très importante, a été examinée avec un soin tout particulier, et, dans le but de simplifier les formalités à remplir par les intéressés, l'administration des finances a décidé d'étendre aux bénéficiaires de la loi du 31 mars 1903 les mesures déjà adoptées pour le paiement des secours annuels aux vieillards, aux infirmes et aux indigents (Circ. min. int. 1er août 1901 ; Instr. Fin. 25 septembre 1901, § XI).

Les titulaires peuvent donc donner à un tiers leur pouvoir permanent, devant produire ses effets jusqu'à révocation.

Une procuration sous seing privé est suffisante, à la condition d'être établie en *primata* et *duplicata* et d'énoncer *très explicitement* que le mandant autorise son mandataire *à signer en son lieu et place la déclaration de quittance ;* la procuration, *établie sur papier libre,* doit contenir, en marge, un spécimen de la signature du mandataire (modèle n° 26).

Lorsque ce mandataire se présente pour la première fois, il remet le bon, le certificat d'admission et le certificat de vie ainsi que les deux expéditions de la procuration au percepteur ou au receveur des finances, qui les fait parvenir au trésorier général. Ce chef de service vise le bon payable sur l'acquit du mandataire, y annexe la procuration et inscrit sur le *duplicata* une mention de référence indiquant le classement donné au *primata*. Au moment du paiement, le payeur restitue au mandataire le certificat d'admission ainsi que la seconde expédition de la procuration ; puis, lors des paiements ultérieurs, il inscrit sur les bons, d'après les indications consignées sur cette seconde expédition, une référence à la procuration originairement produite au trésorier général.

Le mandataire a donc à présenter par la suite, à chacune des échéances successives, le certificat d'admission, le *duplicata* de la procuration, le bon et le certificat de vie.

La procuration dont il s'agit n'est pas soumise à la formalité de l'enregistrement, et les deux expéditions (*primata* et *duplicata*) sont établies sur papier libre (art. 97 de la loi).

La signature du mandant et celle du mandataire doivent être légalisées par le maire.

III — Titulaires illettrés. Mandat verbal. Certificat du maire

Si le titulaire est illettré ou dans l'impossibilité de revêtir la procuration de sa signature, cette procuration peut être remplacée par un certificat du maire libellé sur papier libre (art. 97 de la loi) établissant, sur l'attestation de deux témoins, que, conformément à l'article 1985 du Code civil, le titulaire a donné, à la personne dénommée dans le certificat, mandat verbal pour donner quittance et toucher les fonds (modèle n° 27).

Ce certificat, revêtu de la signature du mandataire, doit également être dressé en *primata* et *duplicata*, et il est produit au trésorier-payeur général dans les mêmes conditions que la procuration.

Il est bien entendu que, de toute façon, les procurations ainsi données ne sont acceptées que dans le département où elles ont été visées par le trésorier général et que, si le mandant venait à fixer sa résidence dans un autre département, il aurait à faire établir une nouvelle procuration.

IV — Paiement des bons dans des départements autres que celui de la résidence

Les majorations et allocations étant incessibles et insaisissables, il a été décidé que les bons ne seraient pas soumis à la formalité préalable du visa de la trésorerie générale (sauf les exceptions prévues pour les paiements par procuration, etc.). *Ils peuvent donc être payés par tous les comptables du Trésor* jusqu'à l'expiration du délai de prescription (trois ans, art. 96 de la loi).

Par suite, un titulaire a la faculté d'obtenir le paiement d'un ou des bons dont il est porteur dans un département quelconque autre que celui de sa résidence, à la condition de présenter au comptable, en même temps que le bon, le certificat d'admission et le certificat de vie et d'être, en outre, à même de signer lui-même la formule d'acquit.

V — Changements de résidence. Déclaration.

Tel est le principe. En fait, si le titulaire vient à changer de résidence — changement de commune ou changement de département, — avant d'être en possession de son bon de paiement, il doit adresser au préfet, par l'intermédiaire du maire de la nouvelle résidence, une déclaration (modèles n° 15, majorations, rose, et n° 16, allocations, bleu). Le préfet envoie la déclaration au ministère (Direction de l'assurance et de la prévoyance sociales).

Omettre de remplir cette formalité serait, pour l'ayant droit, s'exposer à subir un retard dans le paiement de ses arrérages. Une déclaration de changement de résidence est donc indispensable et il est nécessaire de l'indiquer, par tous les moyens, aux bénéficiaires de la loi.

VI — Titulaires femmes. Mariage.

Les titulaires *femmes* qui auraient contracté mariage depuis leur admission au bénéfice de la loi doivent faire régulariser les inscriptions portées sur les certificats d'admission, comme sur les bons, ainsi qu'il est expliqué dans les observations relatives au certificat d'admission.

VII — Décès

En cas de décès du titulaire survenu au cours d'un trimestre, les héritiers peuvent, ainsi qu'il a été dit ci-dessus, obtenir le paiement des sommes qui étaient dues jusqu'au jour du décès et dans les limites de la prescription (soit qu'il s'agisse des arrérages afférents au trimestre au cours duquel le décès s'est produit, soit que un ou plusieurs trimestres antérieurs n'aient pas été touchés par le titulaire).

Pour en obtenir le paiement, les héritiers doivent produire au préfet :

1° Une demande sur papier libre ;

2° Le certificat d'admission du titulaire ;

3° Une expédition *in extenso* sur papier libre de l'acte de décès ;

4° Le ou les bons qui n'auraient pas été touchés ;

5° Un certificat d'hérédité (modèles n° 37, majorations, rose, et n° 38, allocations, bleu).

Le préfet fait parvenir le dossier au ministère (Direction de l'assurance et de la prévoyance sociales), où des mesures sont prises pour assurer le paiement.

VIII — Titulaires de la loi du 17 avril 1906 remariés

Des mesures analogues s'appliquent aux bénéficiaires de la loi du 17 avril 1906 ayant contracté un nouveau mariage et dont les droits courent jusqu'au jour du mariage exclusivement.

Ils ont à produire les mêmes pièces que ci-dessus, moins le certificat d'hérédité, et en substituant l'acte de mariage à l'acte de décès.

IX — Perte de bons

Les bons remis aux intéressés et qui viendraient à être perdus par eux ne seront pas remplacés. Par suite de la facilité donnée aux titulaires d'obtenir le paiement des bons à n'importe quelle caisse du Trésor, on comprend, sans qu'il soit besoin d'insister, à quels abus pourrait donner lieu la délivrance de bons en *duplicata*.

6 — Observations générales

Enfin l'indication qui a été donnée ci-dessus et aux termes de laquelle les maires doivent consigner sur les formules 18 C et 19 C les observations relatives aux changements de résidence, s'appliquent à toutes les modifications survenues, en cours d'année, dans la situation des bénéficiaires et dont ils peuvent avoir connaissance (absence, perte de la qualité de Français, décès, etc.).

Dès la réception de la présente circulaire, je vous prie de vouloir bien vous concerter avec le service des mines et les maires de votre département pour déterminer la quantité des divers imprimés qui vous seront nécessaires.

Les modèles de ces imprimés sont annexés à la présente circulaire.

Je vous serai obligé de vouloir bien en établir la liste, dans l'ordre numérique des modèles, et me l'adresser dans le plus bref délai, sous le timbre de la Direction de l'assurance et de la prévoyance sociales.

Ci-joint, en attendant votre demande, un certain nombre de ces imprimés.

Pour éviter les conséquences que ne manquerait pas de produire tout retard des intéressés dans la déclaration que la loi leur impose, il est désirable que la plus grande publicité soit donnée aux nouvelles dispositions et aux formalités à remplir par ceux qui sont appelés à en bénéficier.

Je vous transmets à cet effet un certain nombre d'affiches que je vous serai obligé de faire apposer par les maires dans toutes les communes de votre département, suivant les dispositions usitées pour les publications de cette nature.

Il sera bon, d'autre part, que les renseignements essentiels donnés par ces affiches soient publiés dans les journaux de votre département qui seront disposés, dans l'intérêt de leurs lecteurs, à faire cette insertion sans frais.

Enfin, il sera utile de recommander aux maires de prendre, dans leurs communes respectives, les mesures nécessaires pour que tous les intéressés soient avertis des formalités qu'ils ont à remplir. Les maires devront, dans ce but, faire procéder, partout où cela est possible, à des publications à son de trompe ou de tambour, suivant l'usage des lieux.

Je vous prie de vouloir bien m'accuser réception de la présente circulaire, sous le timbre de la Direction de l'assurance et de la prévoyance sociales. J'en adresse directement ampliation aux ingénieurs en chef des mines.

Je terminerai par une dernière remarque :

Ainsi que vous le savez, et aux termes des considérants des arrêts déjà cités du Conseil d'État, le ministre est, actuellement, uniquement chargé d'assurer l'exécution des décisions des commissions, conformément à la loi ; il ne peut donc ni reviser ces décisions, ni en suspendre les effets, même lorsqu'elles lui paraissent entachées d'illégalité.

Un projet de loi, déposé par le gouvernement, en vue de remédier à cette situation, et déjà rapporté par la commission des mines de la

Chambre des députés, sera vraisemblablement voté sous peu par le Parlement.

Des instructions formant, à ce point de vue, le complément de celles qui précèdent, vous seront adressées en temps voulu, le cas échéant.

Le ministre du travail et de la prévoyance sociale,
René VIVIANI.

LOIS RELATIVES A L'AMÉLIORATION
DES RETRAITES
DES OUVRIERS MINEURS

(ART. 84 A 98 DE LA LOI DE FINANCES DU 31 MARS 1903
ET 48 A 50 DE LA LOI DE FINANCES DU 31 DÉCEMBRE 1907)

TEXTES COMPARATIFS

Loi du 31 mars 1903 (Articles anciens)	Loi du 31 décembre 1907 (Articles modificatifs)
ARTICLE 84	ARTICLE 48
Une somme de 1 million de francs est affectée, chaque année, dans les conditions déterminées par la loi :	L'article 84 de la loi de finances du 31 mars 1903 est modifié comme suit :
1° Pour un tiers, à la majoration de la pension d'âge ou d'invalidité de plus de 50 francs, acquise ou en instance de liquidation, au 1er janvier 1903, en faveur de tout ouvrier ou employé des mines, de nationalité française, par application du titre IV de la loi du 29 juin 1894 sur les caisses de secours et de retraites des ouvriers mineurs ;	« Une somme de 1 500 000 francs est affectée, chaque année, dans les conditions déterminées par la loi : « 1° Pour un tiers à la majoration de la pension d'âge ou d'invalidité de plus de 50 francs acquise, ou en instance de liquidation, au 1er janvier de chaque année en faveur de tout ouvrier ou employé des mines, de nationalité française, par application du titre IV de la

Loi du 31 mars 1903
(Articles anciens)

2° Pour les deux autres tiers, à des allocations en faveur de tous autres ouvriers ou employés des mines, de nationalité française, âgés de cinquante-cinq ans au moins au 1er janvier 1903 et justifiant, à cette date, de trente années de travail salarié dans les mines françaises.

ARTICLE 85

La majoration ne pourra élever la pension majorée au delà du chiffre de 360 francs, y compris tous autres revenus, tant de l'intéressé que de son conjoint, mais indépendamment de tout salaire en argent ou en nature.

ARTICLE 86

L'allocation prévue à l'article 84-2° sera limitée au chiffre de 240 francs, y compris tous autres revenus, tant de l'intéressé que de son conjoint, mais indépendamment de tout salaire en argent ou en nature, et indépendamment aussi soit de la pension acquise

Loi du 31 décembre 1907
(Articles modificatifs)

loi du 29 juin 1894 sur les caisses de secours et de retraite des ouvriers mineurs.

« 2° Pour les deux autres tiers, à des allocations en faveur de tous autres ouvriers ou employés des mines, de nationalité française, âgés de cinquante-cinq ans au moins au 1er janvier de chaque année et justifiant, à cette date, de trente années de travail salarié dans les mines françaises, sans que le nombre total des journées de travail réparties entre ces trente années puisse être inférieur à 6 600 journées.

« Pour la première année d'application les intéressés sont autorisés à présenter leur déclaration jusqu'au 1er juin 1908. »

ARTICLE 49

« Les articles 85 et 86 de la loi susvisée du 31 mars 1903 sont remplacés par les dispositions suivantes pour les nouveaux bénéficiaires de majorations et d'allocations attribuées en vertu de la présente loi.

« La majoration ne pourra élever la pension majorée au delà du chiffre de 360 francs, y compris toutes autres ressources, tant de l'intéressé que de son conjoint, mais indépendamment de tout salaire régulier en argent ou en nature, n'excédant pas 50 francs par mois.

« L'allocation prévue à l'arti-

Loi du 31 mars 1903 (Articles anciens)	Loi du 31 décembre 1907 (Articles modificatifs)
exclusivement envertu du titre II de la loi du 29 juin 1894, soit d'une pension de 50 francs au plus liquidée au 1er janvier 1903 en vertu du titre IV de ladite loi.	cle 84-2° sera limitée au chiffre de 240 francs, y compris toutes autres ressources, tant de l'intéressé que de son conjoint, mais indépendamment de tout salaire régulier en argent ou en nature n'excédant pas 50 francs par mois et d'une pension de 50 francs au plus liquidée en vertu du titre IV de la loi du 29 juin 1894.
Hors ce dernier cas, l'allocation du présent article ne peut se cumuler avec une retraite acquise ou qui viendrait à être acquise en vertu de ce titre IV.	« Un décret délibéré en conseil des ministres, faisant état des disponibilités, pourra relever jusqu'au chiffre de 360 francs le maximum prévu au paragraphe 2 du présent article. »
Un décret délibéré en conseil des ministres, faisant état des disponibilités résultant des extinctions, pourra relever jusqu'au chiffre de 360 francs le maximum prévu au paragraphe 1 du présent article.	

ARTICLE 87

La loi annuelle de finances déterminera le nombre de centimes additionnels à la redevance des mines qui devront être établis en représentation de la part contributive des exploitants aux allocations prévues à l'article 86. Cette part est fixée à la moitié de ces dépenses et des frais d'application de la présente loi.

ARTICLE 88

Tout ouvrier ou employé qui voudra bénéficier des dispositions de la présente loi devra en faire la déclaration, soit en personne, soit par mandataire, au maire de la commune de son domicile. Les déclarations sont reçues, sous peine de forclusion, chaque année, du 1er janvier au dernier jour de février. Toutefois, pour la première année d'application de la loi, ce délai sera de quatre mois à compter de la date de la promulgation. La déclaration ne sera renouvelée qu'en cas de modifications survenues dans les titres invoqués par les intéressés.

La déclaration est exempte de frais.

Elle sera établie dans les formes et accompagnée des justifications que fixera un arrêté du ministre des travaux publics.

La déclaration est rédigée par les soins du maire et signée par le déclarant. Il en est donné récépissé.

Le maire la transmet immédiatement au préfet avec son avis.

Elle est enregistrée à la préfecture dès sa réception sur un registre spécial.

ARTICLE 89

Modifié par l'article unique de la loi du 21 juillet 1903 (texte souligné)

Les déclarations sont soumises à une commission ainsi composée :

Le préfet ou son représentant, *président* ;

L'ingénieur en chef des mines ou un fonctionnaire de l'administration des mines délégué par lui ;

Le directeur des Contributions directes ou un fonctionnaire de cette administration délégué par lui ;

Le directeur de l'Enregistrement, des domaines et du timbre ou un fonctionnaire de cette administration délégué par lui ;

Un exploitant et *un ouvrier* des mines du département.

Le préfet désigne cet exploitant et *cet ouvrier* ; ce dernier devra être pris parmi les administrateurs des caisses de secours des mines, élus par les ouvriers, toutes les fois que ce sera possible.

Tous les deux devront, à moins d'impossibilité, appartenir à des entreprises différentes.

Dans les départements que désignera le ministre des travaux publics, il pourra être établi, à raison du nombre et de l'importance des exploitations, des commissions distinctes par arrondissement de sous-préfecture ou par toute autre circonscription que fixeront des arrêtés du ministre des travaux publics.

Les déclarations reçues dans un département où n'existerait pas d'entreprise minière seront renvoyées à l'examen de la commission qui siège dans la circonscription où se trouve la mine dans laquelle l'ouvrier a fait le plus long séjour.

ARTICLE 90

La commission examine et admet, s'il y a lieu, les titres invoqués dans les déclarations ; elle arrête le montant des revenus personnels et celui de la pension à majorer.

Une année ne peut entrer en compte dans la durée des services que si elle donne 220 jours au moins de travail salarié.

Est assimilé au travail salarié le temps pendant lequel l'ouvrier a chômé pour maladie ou pendant lequel il aurait reçu l'indemnité temporaire pour accident de travail, si, pendant ce temps, ont été faits sur son livret individuel les versements prévus par l'article 8 de la loi du 29 juin 1894.

ARTICLE 91

Les décisions de la commission sont transmises, par les soins du préfet, au ministère des travaux publics le 1ᵉʳ juillet de chaque année au plus tard.

D'après ces décisions, le ministre arrête le montant des majorations et des allocations, conformément aux règles tracées par les articles 94 et 95.

Tout déclarant reçoit par les soins du préfet, avant le 31 décembre, avis de la décision prise par la commission sur sa déclaration.

Tout intéressé peut prendre communication de l'arrêté ministériel de répartition, dont une ampliation est déposée à cet effet, avant le 31 décembre, dans les bureaux de la préfecture ou sous-préfecture du chef-lieu de chaque sous-arrondissement minéralogique. Avis de ce dépôt est publié dans les journaux du département.

ARTICLE 92

La commission peut toujours reviser, dans son travail annuel, la décision antérieure, soit sur la proposition du préfet, soit sur la requête présentée par le bénéficiaire.

La requête en revision du bénéficiaire est introduite dans les formes et délais prescrits pour les déclarations.

La nouvelle décision ainsi prise n'a pas d'effet sur les répartitions antérieures.

ARTICLE 93

Les décisions de la commission ne peuvent être déférées au Conseil d'État que pour incompétence, excès de pouvoir ou violation de la loi. Le recours n'est ouvert qu'au préfet ou à l'intéressé. Il est dispensé d'avocat et a lieu sans frais.

Les recours au Conseil d'État contre les arrêtés ministériels de répartition sont dispensés d'avocat et ont lieu sans frais.

Loi du 31 mars 1903 (Articles anciens)	**Loi du 31 décembre 1907** (Articles modificatifs)
### ARTICLE 94	### ARTICLE 50
En cas d'insuffisance du crédit réservé par le paragraphe 1 de l'ar-	Les articles 94 et 95 de la même loi du 31 mars 1903 sont

Loi du 31 mars 1903
(Articles anciens)

ticle 84 pour relever à 360 francs les pensions à majorer, chaque majoration sera réduite proportionnellement jusqu'à ce que le total soit compris dans les limites du crédit.

Les fractions de franc ne seront pas inscrites.

ARTICLE 95

Le montant total du crédit affecté, en vertu de l'article 84, aux allocations de l'article 86, est réparti par parties égales entre tous les ayants droit admis par les commissions.

Les disponibilités provenant des extinctions viendront, chaque année, en accroissement des allocations à attribuer jusqu'à ce qu'elles aient atteint la limite fixée par l'article 86.

Les fractions de franc ne seront pas inscrites.

Loi du 31 décembre 1907
(Articles modificatifs)

remplacés par les dispositions suivantes :

« Les majorations et les allocations, en cas d'insuffisance des crédits correspondants, sont réduites proportionnellement de manière à ne pas excéder chaque crédit.

« Les fractions de franc ne sont pas inscrites. »

ARTICLE 96

Les majorations et allocations sont dues à compter du premier jour du trimestre qui suit celui dans lequel a été faite la déclaration. Elles sont payables par quart, à partir du 1er janvier de l'année qui suit la date de la décision de la commission prévue à l'article 89, de trimestre en trimestre et à terme échu.

Elles sont incessibles et insaisissables. Les sommes non perçues sont prescrites, au profit du Trésor, trois ans après leur échéance.

ARTICLE 97

Les certificats, actes de notoriété et autres pièces exclusivement relatives à l'exécution des dispositions des articles 84 à 96 de la présente loi seront délivrés gratuitement et dispensés des droits de timbre et d'enregistrement.

ARTICLE 98

Tout exploitant qui a constitué des pensions d'âge ou d'invalidité en vertu du titre IV de la loi du 29 juin 1894 est tenu, dans la première quinzaine de janvier de chaque année, d'adresser au préfet, dans la forme que fixera le ministre des travaux publics, la liste des retraites ainsi créées par lui pendant l'année précédente.

Toute infraction au présent article est passible des pénalités prévues au titre X de la loi du 21 avril 1810.

LOIS RELATIVES A L'AMÉLIORATION
DES RETRAITES
DES OUVRIERS MINEURS

(ART. 66 DE LA LOI DE FINANCES DU 17 AVRIL 1906)

ARTICLE 66

La majoration et l'allocation prévues par l'article 84 de la loi de finances du 31 mars 1903 sont réversibles par moitié sur la tête du conjoint survivant et non remarié.

Un règlement d'administration publique précisera les conditions d'application de cette réversibilité.

DÉCRET DU 27 JUILLET 1906

portant règlement d'administration publique pour l'exécution de l'article 66 de la loi de finances du 17 avril 1906

Le président de la République française,

Sur le rapport du ministre des travaux publics, des postes et des télégraphes,

Vu l'article 66 de la loi de finances du 17 avril 1906, ainsi conçu :

« La majoration et l'allocation prévues par l'article 84 de la loi de finances du 31 mars 1903 sont réversibles par moitié sur la tête du conjoint survivant et non remarié.

« Un règlement d'administration publique précisera les conditions d'application de cette réversibilité » ;

Vu les lois des 31 mars 1903, 21 juillet 1903 et 22 avril 1905,
Le Conseil d'État entendu,

DÉCRÈTE :

ARTICLE 1

A droit à l'application de l'article 66 de la loi susvisée du 17 avril 1906 le conjoint survivant et non remarié de tout ouvrier ou employé des mines qui, au jour de son décès, jouissait d'une bonification allouée en vertu de la loi du 31 mars 1903.

ARTICLE 2

Tout intéressé qui veut obtenir la réversibilité de la majoration ou de l'allocation doit adresser au préfet du département où il réside une demande accompagnée des pièces justificatives que fixera un arrêté du ministre des travaux publics.

Le préfet transmet le dossier au ministre des travaux publics qui arrête le montant de la bonification conformément aux dispositions de l'article 3.

ARTICLE 3

Le montant de la bonification allouée au conjoint survivant et non remarié est de la moitié de la majoration ou de l'allocation qui avait été attribuée en dernier lieu par la commission spéciale au conjoint prédécédé.

Cette bonification reste soumise aux réductions stipulées par les articles 94 et 95 de la loi du 31 mars 1903.

ARTICLE 4

La bonification est due à dater du jour qui suit celui du décès, sans que toutefois il y ait lieu à rappel pour les répartitions antérieures à celle dont le paiement est en cours au moment où la demande de l'intéressé, prévue à l'article 2, parvient à l'administration.

Elle cesse d'être due en cas de nouveau mariage.

ARTICLE 5

Le ministre des travaux publics, des postes et des télégraphes, est chargé de l'exécution du présent décret qui sera publié au *Journal officiel* de la République française et inséré au *Bulletin des Lois.*

Fait à Rambouillet, le 27 juillet 1906.

A. FALLIÈRES.

Par le président de la République :

Le ministre des travaux publics,
des postes et des télégraphes,

Louis BARTHOU.

ARRÊTÉ DU 28 JUILLET 1906

modifié par l'arrêté du 31 mai 1907

(Texte modificatif souligné)

Le ministre des travaux publics, des postes et des télégraphes,

Vu l'article 66 de la loi de finances du 17 avril 1906, ainsi conçu :

« La majoration et l'allocation prévues par l'article 84 de la loi de finances du 31 mars 1903 sont réversibles par moitié sur la tête du conjoint survivant et non remarié.

« Un règlement d'administration publique précisera les conditions d'application de cette réversibilité » ;

Vu le règlement d'administration publique délibéré par le Conseil d'État dans sa séance du 19 juillet 1906 et notamment l'article 2 qui porte que :

« Tout intéressé qui veut obtenir la réversibilité de la majoration ou de l'allocation doit adresser au préfet du département où il réside une demande accompagnée des pièces justificatives que fixera un arrêté du ministre des travaux publics » ;

Vu les lois des 31 mars 1903 (art. 84 à 98) et 22 avril 1905 (art. 64) relatives à l'amélioration des retraites des ouvriers mineurs ;

Sur la proposition du conseiller d'État, directeur des routes, de la navigation et des mines,

ARRÊTE :

ARTICLE 1

La demande qui, aux termes de l'article 2-§ 1 du règlement d'administration publique en date du 27 juillet 1906, doit être faite par le conjoint survivant et non remarié de tout ouvrier ou employé des mines françaises pour obtenir la réversibilité de la bonification dont jouissait son conjoint au jour de son décès, est présentée à la mairie du domicile de l'intéressé ; elle peut être produite, dès le jour du décès, à toute époque de l'année.

Elle est reçue par le maire sous forme de déclaration, rédigée par ses soins et libellée sur une des formules spéciales 1 *b*, majorations, 7 *b*, allocations.

Cette déclaration est accompagnée des pièces justificatives ci-après :

1° Un certificat du maire, dressé sur l'attestation de deux témoins et constatant la nature et le montant de la bonification dont jouissait le décédé, avec indication du numéro et de la date du certificat d'admission qui lui avait été délivré ;

2° Acte de décès du conjoint prédécédé ;

3° Acte de naissance du demandeur ;

4° Acte de mariage.

ARTICLE 2

Le dossier ainsi constitué est transmis, sous bordereau spécial, par le maire au préfet du département, qui le fait immédiatement parvenir au ministère des travaux publics, des postes et des télégraphes.

Paris, le 28 juillet 1906.

Louis BARTHOU.

Proposé par le conseiller d'Etat,
directeur des routes, de la navigation et des mines,
A. CHARGUÉRAUD.

TABLE CHRONOLOGIQUE DES MATIÈRES

Nancy, imprimerie Berger-Levrault et Cie

PUBLICATIONS

DU

MINISTÈRE DU TRAVAIL ET DE LA PRÉVOYANCE SOCIALE

DIRECTION

DE L'ASSURANCE ET DE LA PRÉVOYANCE SOCIALES

I — Recueil de Documents sur les Accidents du Travail

Nº 1. — Lois, Règlements et Circulaires (*Janvier 1908*).
Volume in-8 de 428 pages. Prix : 1 fr. 75. — Franco. 2 fr.

Nº 2. — Lois sur les accidents du travail (*Février 1907*).
Brochure de 32 pages. Prix : 50 c. — Franco. 60 c.

Nº 3. — Jurisprudence (*I. Mars 1902*).
Volume de 937 pages. Prix : 10 fr. — Franco. 10 fr. 50.

Nº 4. — Loi du 9 avril 1898 (*modifiée par la loi du 22 mars 1902*) et Décret relatif
aux déclarations d'accidents.
Brochure de 26 pages. Prix : 50 c. — Franco. 60 c.

Nº 5. — Rapport aux Congrès internationaux des accidents (Paris 1900 — Düsseldorf 1902), par le Directeur de l'assurance et de la prévoyance sociales.
Brochure de 33 pages. Prix : 60 c. — Franco. 70 c.

Nº 6. — Jurisprudence. *Table analytique* des décisions publiées dans le fascicule
nº 3 (*Mars 1902*).
Brochure de 63 pages. Prix : 1 fr. — Franco. 1 fr. 10.

Nº 7. — Jurisprudence (*II. Mars 1903*). Avec *Table alphabétique générale* des
décisions publiées dans les fascicules nᵒˢ 3 et 7.
Volume de 449 pages. Prix : 5 fr. — Franco. 5 fr. 50.

Nº 8. — Jurisprudence. *Table analytique* des décisions insérées dans les tomes I
et II (fascicules nᵒˢ 3 et 7). 1903.
Brochure de 84 pages. Prix : 1 fr. 30. — Franco. 1 fr. 40.

Nº 9. — Jurisprudence (*III. Novembre 1903*). Avec *Table alphabétique générale*
des décisions publiées dans les fascicules nᵒˢ 3, 7 et 9.
Volume de 363 pages. Prix : 4 fr. — Franco. 4 fr. 25.

Nº 10. — Jurisprudence. *Table analytique* des décisions publiées dans les tomes I,
II et III (fascicules nᵒˢ 3, 7 et 9). 1903.
Volume in-8 de 95 pages. Prix : 1 fr. 40. — Franco. 1 fr. 50.

Nº 11. — Jurisprudence (*IV. Mars 1904*). Avec *Table analytique* des décisions
publiées dans les fascicules nᵒˢ 3, 7, 9 et 11.
Volume de 304 pages. Prix : 3 fr. 25. — Franco. 3 fr. 50.

Nº 12. — Jurisprudence. *Table analytique* des décisions publiées dans les tomes
I à IV (fascicules nᵒˢ 3, 7, 9 et 11).
Volume de 96 pages. Prix : 1 fr. 40. — Franco. 1 fr. 50.

Nº 13. — Maladies professionnelles. *Rapport préparatoire au Comité consultatif
des Assurances contre les accidents du travail.* 1904.
Brochure in-8 de 48 pages. Prix : 20 c. — Franco. 30 c.

Nº 14. — Législation sur les accidents, *annotée des décisions de jurisprudence*,
3ᵉ édition (1907).
Volume de 111 pages. Prix : 1 fr. 25. — Franco. 1 fr. 40.

PUBLICATIONS

DU

MINISTÈRE DU TRAVAIL ET DE LA PRÉVOYANCE SOCIALE

DIRECTION
DE L'ASSURANCE ET DE LA PRÉVOYANCE SOCIALES

I — Recueil de Documents sur les Accidents du Travail

(Suite)

N° 15. — Répertoire bibliographique sur la législation relative aux accidents du travail, par A. DAGUIN. 2e édition (octobre 1906).
Brochure de 96 pages. Prix : 1 fr. 25. — Franco. 1 fr. 40.

N° 16. — Rapport sur l'application de la loi du 9 avril 1898 (*Février 1905*).
Volume de 236 pages, dont 40 pages de graphiques en noir et en couleurs.
Prix : 2 fr. 75. — Franco. 3 fr. 15.

N° 17. — Jurisprudence (*V. Mars 1905*).
Volume de 147 pages. Prix : 1 fr. 75. — Franco. 2 fr.

N° 18. — Arrêté fixant le tarif des frais médicaux et pharmaceutiques en matière d'accidents du travail. 1905.
Brochure de 62 pages. Prix : 75 c. — Franco. 85 c.

N° 19. — Deuxième rapport sur l'application de la loi du 9 avril 1898 (*Mars 1906*).
Volume de 175 pages, dont 30 pages de graphiques en noir et en couleurs.
Prix : 2 fr. — Franco. 2 fr. 30.

N° 20. — Jurisprudence (*VI. Mars 1906*).
Volume de 212 pages. Prix : 2 fr. 50. — Franco. 2 fr. 90.

N° 21. — Troisième rapport sur l'application de la loi du 9 avril 1898 (*Octobre 1906*).
Volume de 150 pages, dont 31 pages de graphiques en noir et en couleurs.
Prix : 1 fr. 75. — Franco. 2 fr.

N° 22. — Décret du 27 septembre 1906 arrêtant la liste des exploitations commerciales soumises à la taxe réduite pour le fonds de garantie.
Brochure de 34 pages. Prix : 35 c. — Franco. 45 c.

N° 23. — Jurisprudence (*VII. Octobre 1906*).
Volume de 64 pages. Prix : 75 c. — Franco. 85 c.

N° 24. — Jurisprudence. *Table analytique* des décisions publiées dans les tomes I à VII (fascicules n°s 3, 7, 9, 11, 17, 20 et 23).
Volume de 95 pages. Prix : 1 fr. 25. — Franco. 1 fr. 40.

N° 25. — Les Accidents du travail dans l'agriculture, d'après la statistique allemande, par Édouard FUSTER.
Brochure in-8 de 48 pages. Prix : 65 c. — Franco. 75 c.

N° 26. — La Statistique du risque professionnel et les enquêtes autrichiennes, par Edouard FUSTER.
Volume in-8 de 168 pages. Prix : 2 fr. — Franco. 2 fr. 20.

N° 27. — Quatrième rapport sur l'application de la loi du 9 avril 1898 (*Juillet 1907*).
Volume de 204 pages, dont 30 pages de graphiques en noir et en couleurs.
Prix : 2 fr. 50. — Franco. 2 fr. 90.

N° 28. — Notice sur la statistique des accidents du travail en Autriche. 1907.
Brochure de 29 pages. Prix : 50 c. — Franco. 60 c.

N° 29. — Jurisprudence (*VIII. Octobre 1907*).
Volume de 144 pages. Prix : 1 fr. 75. — Franco. 2 fr.